大家小小书

篆刻 程方平

新编历史小丛书

吴起传

熊剑平

著

北京出版集团

文津出版社

目　　录

引　言

　　太史公司马迁曾经说，社会上那些说起兵法和战法的人，没有谁不在称道孙武的《孙子兵法》十三篇和吴起的《吴子兵法》。事实确实如此！在中国古代诞生了无数的兵书战策，《吴子兵法》和《孙子兵法》则是其中最为精彩和最受瞩目的两本。这两部书，在历史上长期流传，一直有着很大的影响。人们经常将孙武和吴起并称为"孙吴"。一段时间之内，孙武被人们称为"兵圣"，吴起则被称为兵家"亚圣"。这种受到敬仰的情形，正像是儒家的大师孔子和孟子分别被尊为"圣人"和"亚圣"一样。

和孙武有所不同的是，吴起有过在孔门受教的经历，而且算得上是嫡传弟子。吴起论兵，更多关注仁德，推崇仁义学说，也许和这个背景有关。在魏武侯刚刚继位，自己在官场即将迎来重大转折的关键时刻，吴起敢于发表和魏武侯完全不同的观点。当魏武侯志得意满地夸赞自己拥有了山河之险时，吴起则提醒他应该给民众施以恩德，灌输"在德不在险"的道理。这多少也和吴起受教育的经历有联系。

当然，即便是学习了儒家的仁义

学说，吴起还是留下了杀妻求将等刻薄寡恩的故事，因此而饱受诟病。司马迁也说，吴起正是因为在楚国执政期间的刻薄、暴戾和少恩而葬送了自己的生命，并且为此而唏嘘不已。

考察吴起的人生经历，儒家学说未必对他构成过实质性影响，对功名利禄孜孜以求，或许也是时代风气使然。和孙武一样，吴起更用心研读的是兵家之学。兵家是一种务实之学，需要追求实际效应，并力争实现利益最大化。因此，作为兵家的吴起，不会和别人空谈仁义。即便是谈到这些，也是他包装自己和推销自己的一种需要。内心真实的想法，怕是只有他自己才知道。

一、兵儒之间

1. 孔门受教

即便是被逐出师门，吴起始终牢牢记得多年之前跟随老师刻苦读经的日子。是的，许多年后，他都清晰地记得。那样的日子虽然清苦，但也充满希望。每个人都胸怀理想。

哪怕是借着浓密树荫的呵护，一群师生都可以聚集一处，认真地诵读起圣贤的经典。

老师诵道："夫孝，天之经也，地之义也，民之行也。"

学生跟着诵读："夫孝，天之经也，地之义也，民之行也。"

老师诵道："在上不骄，高而不危……"

学生跟着诵读："在上不骄，高而不危……"

忽然，有一个学生产生了疑惑，举手问道："先生，请问'忠可移于君'这句说的是什么意思？孝道和臣道之间的矛盾，果真可以用这种方式解决吗？会不会因为尽忠而被斥为不孝呢？"

对于好学而且善于思考的学生，老师一般都会发自内心地生出欣赏之情，何况这位老师得到孔子的嫡传，是以传播孝道为己任的大儒曾参的儿子。是的，他叫曾申。算是如假包换的那种嫡传吧。

曾申自己想必也知道，圣贤的教义毕竟太过抽象，不一定能解决现实中遇到的各种问题。但是，儒家的教义毕竟还需要维护，于是他对学生提出的问题选择避而不答，呵斥道："请认真听下面的内容。"接下来便捧着经典继续认真地诵读起来："君子之事上也，进思尽忠，进思补过……"

得此教训，学生渐渐变得心不在焉，内心深处仿佛在喃喃地说道：好抽象啊，我们毕竟还是很有可能会面对这样的现实矛盾……在这之后，他慢慢地开始对儒家的教义生起疑问来了。

这位好学且喜欢发问的学生，正是一代名将吴起。

儒家经典的要义，岂是他这等后生小子随便怀疑的。吴起有时候也会为自己的鲁莽和唐突感到后悔。好在老师并没往深处想，事情很快就翻篇了。

没想到的是，不久之后，吴起竟然真的要面对他曾经设想过的那种困境，而且就此被推到了舆论的风口浪尖。由于处置方法的不当，他也长期受到诟病，成为一位话题人物。

当初，孔子立下的规矩是，只要带着腊肉，就可以用它作为学费，就可以在儒门求学。出生于卫国的吴起，家境贫寒，因为这种"有教无类"的规定而成为受益者。虽说他这种想法太多的学生，经常会惹得老师不悦，但毕竟有了受教育的机会。

为了吴起能完成学业，母亲拿出了压箱底的家当。吴起则信誓旦旦地对母亲发起了毒誓："如果不能求得功名利禄，我就不会回来见您！"

2. 悄悄转习兵学

为了追求功名，吴起曾长期辗转于鲁国、魏国、楚国等地，并把各国政坛都搅得风生水起，一时之间，堪称风云人物。

虽说吴起曾经刻苦地学习儒学，但吴起知道这些学问有时候太过缥缈了。他需要学一些实用之学，方便他在乱世之中立足。因此，不知什么时候起，他已经在用心地钻研兵学。兵学其实是一门紧贴实战的学问，吴起暂时没有带兵打仗的机会，只能是"纸上谈兵"，不停地通过翻看前人的论兵之作，从以往的战争历史中总结有关用兵的各种方略。

充满怀疑精神的吴起，慢慢地就开始对兵典产生怀疑，于是干脆自己写起兵书。他所撰写的兵书叫《吴子兵法》，曾经是几十篇的规模，对涉及军事的方方面面问题都有讨论。遗憾的是，如今只剩下了六篇。流传下来的不多文字，也足以让人赞叹。无论是治军方略，还是用兵之术，吴起的见解都非常独到，非常引人深思。这本书长期和孙武的《孙子兵法》齐名，都是宋代所立《武经七书》中的名著。也有不少人认为，《吴子兵法》其实比《孙子兵法》更加纯正。

为什么弃儒学兵，这其中的道理其实非常简单。吴起仅凭着直觉就可以判断，在战争连绵的特殊时代，兵学一定比儒学更加有用。事实上，兵家之学和法家之学都是因为更加实用，从而能够更好地在战国的历史舞台上有所作为。为了兑现对母亲的诺言，他需要学习更多的本领，也希望就此拥有追逐功名和利禄的本钱。因为预先学习了专门之学，吴起领兵作战也非常出色，甚至一度让人忘记了他曾经在孔门受教的经历。

因为有过这些经历，吴起的身份也一直让人难以确定。有人说他是兵家，因为他不仅领兵作战，而且战绩不菲，并且有兵书传世。有人说吴起是儒家，因为他确实曾在孔门受教，虽说留下的是一段不愉快的经历。还有人说，《春秋左传》能够流传至今，也是有吴起的功劳。当初正是左丘明传授曾申，曾申再传授吴起，吴起再传授他的儿子吴期，如此几经辗转之后再传到荀卿的手里。

还有人说吴起本应该属于法家，甚至是法家的先驱人物之一。这样说，其实也没什么错。因为吴起确实曾在楚国掀起了变法运动，而且还和李悝一样，都取得了初步的成功，并被世人刮

目相看。后来的商鞅变法等，都是学习
了吴起他们的做法。

3. 在鲁国政坛沉浮

虽说吴起悄悄地转道兵学，刻苦
学习用兵打仗的学问，曾申对此并不知
情，反倒是对吴起有了更多关注。不久
之后，吴起还是因为有着儒门求学的经
历，获得了在鲁国政坛崭露头角的机
会，因为他可以近距离地侍奉鲁国的
国君。

说起鲁国，这在春秋战国之世似
乎始终是个存在感不强的诸侯国。起初
鲁国也曾风光过一阵子，毕竟是周公旦
的长子伯禽坐镇于此。鲁国曾被作为周

王朝控制东方的一枚重要棋子，地位其实超过了齐国。但是，随着时间流逝，鲁国的地位就渐渐变得尴尬起来了。论国土面积，鲁国不大不小，面对大国，完全没有优势可言。论山川之险，鲁国更是明显不如齐国、吴国等国。正是因为需要长期地面对地处北方的齐国，鲁国变得更加尴尬，而且始终活不成周公当初所设想的模样。

齐国因为有贤臣管仲的辅佐，在春秋时期过着无比风光的日子。齐桓公在春秋时期率先称霸，虽说此后有所衰落，但在面对鲁国时，基本还是毫无压力。齐国竟然就此成为鲁国长期迈不过去的一个坎。

鲁穆公四年，齐宣王不知道是哪

根筋出了问题，忽然地又想起要折腾一下鲁国。齐国大军浩浩荡荡，直扑莒和安阳。鲁穆公手下无人可用，不知听谁说起吴起曾刻苦地学习过军事，懂得如何带兵打仗，于是就想任用吴起为将军。没想到正在这时，有人前来打小报告，告诉鲁穆公说，吴起的妻子正是齐国人，万一吴起手握重兵，不排除他会做出临阵倒戈之举。

听到这些话，鲁穆公立即就感到心神不定，开始变得犹豫不决，至少已经不敢对吴起委以重任。

得知这一消息之后，吴起百感交集。他没想到结发妻子竟成为他建功立业的障碍，于是为这门婚事感到非常后悔。不久之后，他就找到了解决问题的办法，而且非常简单粗暴，残忍而又血腥，同时也出乎所有人的意料：吴起亲手杀死了妻子。

那个时候没有民政局，吴起大概来不及去办离婚手续什么的，但也不至于使用这种极端的手段向主子宣示忠心。为了自己的功名利禄，吴起这种不择手段的行为，明显太过残忍，也让他自此饱受诟病。不知道后来的吴起有没有为此而心生悔意。因为此后多年，每当他想在政坛有所作为，杀妻求将的往事便会被人重新提起，他也会立即成为舆论的焦点。

吴起希望通过杀妻，来证明他对鲁国的忠心，至少他绝不会轻易亲附齐国，做出不利于鲁国的行动。

那么，吴起的这一招能起到作用吗？

能。而且很快就取得了成效。

见到吴起竟然做出如此大义灭亲之举，鲁穆公终于下定决心起用吴起，并且任命他做了将军，将鲁国的军队都交给他全权指挥。结果，曾经认真研读兵书的吴起，就此有了付诸实践的机会，而且初战告捷：他果真率领鲁国的军队打败了强大的齐国。

建立了相当可观的战功，吴起本以为自己可以就此搭上顺风车，在鲁国的仕途也会变得顺畅起来，没想到的是，一切都事与愿违，后面的发展并不如他所愿。

作为一名"外来的和尚"，依靠

着非常出格的举动，吴起取得了鲁国国君的信任，进而初步掌握军权，他的成功自然地会引起不少"本土和尚"的不悦。因为他们一直不相信"外来的和尚会念经"的道理，同时也怨恨自己没能得到施展抱负的机会。不久之后，他们便纷纷认定是吴起抢了他们的饭碗。于是，他们跑到鲁穆公面前，再次不停地打起小报告，把吴起以往的种种不堪，连同道听途说的绯闻等，都和鲁穆公一一说起。谁都经不起太阳底下的暴晒。虽说有不少事情没有办法得到证实，但吴起的各种污点，已经被说得有鼻子有眼儿。

毕竟是给人留下了话柄，吴起只能选择沉默。面对齐国入侵的危急时刻，特殊的内外环境之下，鲁穆公为求自保便无暇进行细究，并没有对吴起杀妻之事过度追究，反倒是匆忙委以重任。但是，这种事情发生在号称礼乐之邦的鲁国，尤其显得非常不合时宜。于是，再有人出来诋毁吴起时，鲁穆公显然无法继续坐视不管。

尤其是，这次前来说事的这些人，更像是有备而来，多准备了一些预案。他们不再是揪住吴起的私德不放，而是更多着眼于鲁国地位的升降，由不得鲁穆公不做出改变。

他们告诉鲁穆公，吴起打败了齐国，短期来看固然是一件好事，但长期来看就不一定是好事了，反倒会带来无穷的祸患。至于个中理由，他们也分析得头头是道："鲁国本来就是个小国，却因为吴起的这番神操作之后，就此背负着战胜国的名声，这其实非常不利于鲁国的发展。其他诸侯国都会自此开始重视起鲁国并暗算鲁国，也会成为齐国的帮手，从而使得鲁国变得孤立起来。而且，鲁国和卫国本是兄弟，国君要是重用吴起的话，也就等于是抛弃了卫国。这也会让卫国人心生怨恨。"

依照这些人的逻辑，吴起本不应该在战争中获胜，被齐国收拾了反倒更有利于鲁国。逻辑不通的诬陷，却让鲁穆公开始怀疑吴起，并且也有意识地和他保持距离。

4. 曾申清理门户

没想到的是，更多不利于吴起的消息还在继续散播，而且四处发酵。鲁国人知道吴起本是曾申的学生，于是他们继续来到曾申面前打小报告。在鲁穆公面前，他们也是经过多方努力才让国君对吴起产生了怀疑，要想彻底毁掉吴起的仕途，还需要借助他老师的力量。

在吴起的老师曾申面前，他们换了一个角度继续诋毁。他们告诉曾申说："吴起的为人，一直是猜忌而且残忍……"

还没说完，就被曾申打断："你有什么证据？！"

"有的，证据当然有，有大把的证据。"

"那你说上来一个听听。"

"吴起在年轻时，就因为家里有点积蓄，有不少金钱财物，于是就在外边四处求官，到处行贿送礼，结果呢，家产都快被他消耗尽了，始终毫无所获。这时候，邻居中就有人嘲笑他。吴起为此感到非常愤怒，就接连杀掉了三十多个嘲笑他的人，然后从卫国逃跑。"

吴起居然是这个原因离开卫国的，听到这里，曾申已经有点坐不住了。虽说他一度极力掩饰，但终究还是按捺不住内心的愤怒。只见他腾地站起身来，又强压怒火地坐了下去。

杀妻求官的事情，早已经传到他的耳中，如今又听到这些糟心事。虽说是自己指导的学生，那也是无法忍受的。可他转念一想，毕竟不是亲眼所见，没有证据，因此难以把握。

于是，曾申接着问道："那么，吴起是怎么逃脱的呢？杀了这么多人，犯下了这样的命案，难道就没人捉拿他吗？"

"吴起确实是费尽了心机，才逃离了卫国。在和母亲告别时，他曾咬着自己的胳膊狠狠地发起毒誓，声称不做到卿相，他就绝不会再回到卫国。在这种情况下，他才会拜先生为老师。其实他的内心深处，并不是真正地向往儒学，也并不会遵守孝道这些。"

"好吧好吧，都别说了，这些事

我已经知道了。"曾申显然已经失去耐心，不仅是对来客失去耐心，也对吴起失去了耐心。看来，以后再面对这位残暴的学生时，怕是要多一份小心了。

学生无德，做老师的也会跟着脸上无光。鲁国各地都在说着吴起的不是，即便他是突然爆红的政治明星和保卫鲁国的英雄。道德上的污点，始终如影随形，让吴起呼吸困难，而且始终难以摆脱。

不久之后，吴起的母亲去世了。为了守住难得到手的官职，确保仕途不会因此而发生起伏，吴起并没有立即回去奔丧。这一行为让曾子更加不悦，对吴起立即增添了更多的反感。吴起也没想到，自己在鲁国的仕途自此蒙上了巨大的阴影，处境变得更加微妙了。

原来，在吴起的内心深处，另外藏着一个关于孝道的誓言，而且只有他的母亲知道。吴起执意要获得功名利禄，然后献给他的母亲。吴起相信，母亲所在意的，一定是儿子的前程和仕途。所谓功名利禄，已经成为成功人士的象征或符号，因此吴起希望努力获得。为此，他执着地在鲁国政坛刻苦经营，试图谋取一官半职，以此来实现光宗耀祖的目的。

随着时光流逝，吴起渐渐忘记了从先生那里学到的儒家教义，但他始终忘记不了和母亲的约定。从这个角度来看，他倒是在忠实地践行儒家所弘扬的那些孝道。

但是，别人不会这样打量吴起，曾申也不会因为吴起而重新建立另外一套有关孝道的标准。作为儒家的嫡系传人，曾申不仅从内心深处瞧不起吴起，还在急着和他撇清关系，急于和他划清界限。

不久之后，曾申就正式宣布，他要清理门户，和吴起彻底断绝师徒关系。

虽说吴起对此也有思想准备，但还是有着明显的失落。虽说吴起也有拜大儒子夏为师的经历，但此时的他已经身背不仁不孝和残暴失德等各种骂名，而且谁都救不了他。特殊的境遇和性格，造就了他特殊的经历，让吴起的人生自此充满起伏，让吴起真正成为一个有故事的人。

此时的鲁国，上上下下都在说着吴起的各种奇葩故事。这些故事，似真似假，如梦如幻。此时的吴起，在鲁国已经是臭名昭著，而且还会恶名远扬，各国都将热衷于散播他的小道消息。

很显然，鲁国已经彻底容不下吴起，不会再有他安身立命之所，即便他才华横溢，胸怀安邦定国之策。

迫于生计，吴起需要重新寻找栖息之地，更希望获得东山再起的机会，证明自己的能力。他也相信，不是所有的诸侯国都会为他建一份详细的履历表，然后不停地翻查他的个人档案，细心检索着他的人生污点或不良记录。因此，吴起需要进行流浪，重新寻找发迹的机会。

二、魏国论兵

1. 率先崛起的魏国

经过分析，吴起选择的下一站是魏国。

要论说起来，吴起和魏文侯还是同门。因为魏文侯也曾拜子夏为师，投入地学习过儒家的经典。也许正是这个原因，魏文侯懂得如何推行仁政，并留下了仁德的美名。

当时的魏国，不知不觉之中就已

经聚集了一大把人才。这主要是因为魏文侯有善于纳谏和虚心求教的雅量。卜子夏、田子方被陆续尊奉为国师，他们的合理建议也时常被采纳。每次经过名士段干木的住宅时，魏文侯都要停下车子并在车上用手抚轼行礼。四方的贤才得知此事之后，很多都会前来归附。一时之间，魏国成了天下英才都非常向往的地方，也是建功立业的首选之地。

很显然，吴起选择在魏国停留，也是经过了深思熟虑，并非脚踩西瓜皮那样漫无目的的流浪。

魏文侯非常注意处理和邻国，尤其是韩国和赵国的关系。毕竟这两个国家和魏国同属三晋之地，不久之前才刚刚因为一次著名的群殴事件而分开，各自成为独立的诸侯国。

当时，晋国已经危机四伏。智氏联合韩、魏共同攻击赵氏，就在赵氏难以支撑之时，韩、魏受到张孟同的劝说，临阵倒戈，对智氏发起致命一击。此后，晋国便一分为三，中原大地自此有了韩国、赵国、魏国。

虽说都是由晋国分出，三国之间的关系却错综复杂。有一次，韩国想邀请魏国出兵联合攻打赵国，魏文侯婉言谢绝道："我们与赵国是兄弟之邦，请原谅我不能从命。"又有一次，赵国也想邀请魏国联合出兵讨伐韩国，魏文侯仍然使用同样的理由再次婉言拒绝。两国使者都因此而吃到了闭门羹，都是怒气冲冲地离开了魏国。

但是，不久之后，韩、赵两国的国君都得知了魏文侯所说的原话，知道了他对待自己的态度，都因此而受到感动，因此便前来朝拜魏国。魏国由此开始而成为魏、赵、韩三国的首领，各路诸侯都不敢欺负魏国。这三个诸侯国加在一起，就是春秋时期长期充当霸主的晋国。因此，谁也不敢和它争雄。后来，魏国和秦国为争夺西河之地展开激烈的战斗，韩国和赵国都曾出兵协助魏国，对战争进程起到了相当程度的影响。

据说秦国曾经想出兵攻打魏国，有人劝阻说："魏文侯以仁德著于天下，获得交口称赞，而且周围也聚集了一批贤才，怕是不能轻易出兵攻打。"

秦王听了这些话，随即便放弃了出兵的念头。

2. 李悝变法

当时，聚集在魏国的能人中，还有一位是法家的先驱，他的名字叫李悝。"家贫则思良妻，国乱则思良相"的道理，正是李悝最先告诉魏文侯的。

魏文侯选相时，一度在魏成子和翟璜之间犹豫不决，因此而征求李悝的意见。李悝回答说："最关键的是，要在平时认真做好考察工作。注意考察他平时的行为，比如亲近什么人，疏远什么人。要观察他身处富贵时和哪些人交往，注意看他地位显赫时推举了什么样的人，注意了解他在穷困之时不愿去做的事情，留心他在贫贱之时不会刻意索取的东西。如果遵照这五条标准仔细观察，那么，谁更适合为相，自然也就非常清楚了，也无须我提供什么具体的参考意见了。"听了这些话，魏文侯果然立刻就有了主意，对李悝说："先生回府吧，相国的人选，我已经确定了。"

李悝也曾为相，而且在魏国展开了轰轰烈烈的变法运动，使得魏国自此走向强盛。当时，李悝推行变法的核心有两点：第一是推行集权统治，不断强化君权；二是积极开发地力，努力发展农业。而且，与此有关的配套变革还有不少，涉及政治、经济、军事等各个层面，对魏国的政坛产生了深远的影响。

　　为了巩固集权和维护君权，李悝还特地著作《法经》，以此约束全国民众的言行。魏文侯虽师从子夏，却不会拘泥于儒家的那套仁义学说。因为"贵诈力而贱仁义"，魏国的局面为之而发生骤变。

　　因为重用李悝，魏国自此大踏步地走上了富强的道路，令秦国、齐国等邻居们都为此而感到紧张。事实上，在战国乱世中，正是魏国率先崛起，打破了战国初期诸侯国之间的短暂平衡局面。

　　魏国不仅国力上升，而且招揽了许多优秀的人才，也因此而变得越发可怕。面对秦国，魏国敢于硬刚，最终尽占西河之地；面对楚国，魏国大打出手，接连攻城拔寨；面对齐国，则掀起连年的战争，令齐国长城形同虚设；至于中山国这样的小国，更是无情碾轧……于是天下都为之感到惊恐万分，因为此时的魏国确实已经展露了席卷宇内、吞并天下的架势。

率先崛起的魏国，因为有韩国和赵国的协助，变得越发可怕。魏国也因此而得以从容地发展壮大，不断地扩充军事实力。因为有了足够强大的军事实力，魏国不停地挑起战争，在中原地区四处扩张地盘。一时之间，魏国俨然成为韩、赵、魏三国的老大。既然是三国的老大，也就成了中原的老大，甚至是天下诸侯的老大。

公元前405年，齐国发生内乱。齐国的大夫田会在廪丘（今山东郓城西北）宣布反叛，自此归顺赵国。田布接到命令后，率领大军迅速就将廪丘团团包围。赵国这边则派出孔青率领精锐部队，联合韩、魏军队火速驰援廪丘。结果，三国联军大败齐军，杀死齐国将士三万余人，大量的尸体被堆成了两座小山。次年，三国联军又攻入齐长城，声威大震。这之后，又过了一年，三国被周王正式册封为诸侯。

3. 获得魏文侯信任

奋发有为的魏文侯，自然不会错过吴起。二人之间，也会由此演绎一段故事。

事实上，经历很多挫折的吴起，

早已不在意别人对他的看法，面对任何议论，都能做到任凭风云起，稳坐钓鱼台。他其实也知道，坊间已经有了很多和他有关的故事在四处流传。很多种版本，很多种说法，让他的身影变得模糊难辨。不知道魏文侯听说了什么没有，吴起打算到魏国试试运气。在听说魏文侯非常贤明之后，吴起决意要出发了。

得知吴起前来求见，魏文侯立即继续向智囊李悝打听消息。他问李悝："吴起这个人怎么样啊？能不能委以重任？"

李悝回答说："吴起一直贪恋功名而且爱好女色，确实有不少缺点。但是，如果是带兵打仗，就是连司马穰苴也无法超越的。"

魏文侯是何等人物，他立刻听出了李悝的话外之音。李悝即便是有心想推荐吴起，也绝不会替别人拿主意，尤其是推荐一个有着很多负面消息的人，而且是一个可能影响魏文侯施政的人。他并不想这么做，但是也要把情况说清楚，一切都交由魏文侯自己做决断。

所谓"小恶不掩大美"，魏国正是用人之际，紧缺的正是将帅之才，并不是道德君子。因此，他立即决定召见吴起。

料想吴起在求职之前曾仔细揣摩过魏文侯的心思，也知道他有一段和子夏问学的经历，因此特地穿着儒服来见。等到他和魏文侯讨论兵法时，魏文侯立即也摆出一副爱好和平的姿态。

只见魏文侯正襟危坐地对吴起说道："寡人不好军旅之事。"

对此，吴起显然也有所准备，只见他单刀直入地说道："微臣只需观察一些表面现象就可以窥探隐藏深处的东西，考察以往的经历就可以判断未来的走向，主君为何要言与心违，刻意地对我有所隐瞒呢？"

对此，魏文侯微微一笑，说道："看来先生确实是一位明白人。"

看到魏文侯面色稍改，吴起继续说道："过去有承桑氏之君，因为强调修德而废除武备，因此而亡国；有扈氏之君则是恃众好勇，也由此而丢了社稷。明主必须有鉴于兹，做到内修文德、外治武备才行。如果应当进兵却迟疑不进，那就背离了义。等到尸横遍野的时候再去哀号，那又会有什么用呢，仍然算不上是仁德啊。"

听到吴起推心置腹地说了这番话之后，魏文侯与吴起建立起了初步的信任。他随即举办了隆重的仪式，任命吴起为大将。

4. 夺占西河之地

担任主将之后，吴起随即奉命出征，率兵攻打秦国。公元前409年（周威烈王十七年），吴起率兵攻陷大荔国的王城（今陕西省大荔县东南）。这里是秦、魏之间的战略要地，此前被秦国占据。吴起夺占此地之后，立即就地筑成临晋城，并依靠此城作为依托，继续窥伺蒲坂关。

蒲坂关又称临晋关、蒲津关，位于大荔县东的黄河西岸，一直是东西交通的要道。此地向西，即为八百里秦川，可以直达秦国的腹地。此时的秦国，无论是军事实力，还是经济实力，都无法和魏国相提并论，因此无法和魏国展开抗衡。何况魏国这边还有韩国和赵国出手相助，而且魏国的军队中还有一代名将吴起负责军事指挥。

魏国军队在吴起的率领之下，接连夺取了秦国的多座城池。少梁、繁庞、洛阴、合阳等，都被魏军一一占据。因为有吴起的出色指挥，魏军展开咄咄逼人的进攻势头，使得秦国军队不得不大幅度后撤，一直退守到洛水一线，将黄河以西的领土拱手让给了魏国。

那么，问题来了。西河之地夺占之后，该交给谁来把守呢？正在魏文侯犹豫不决之际，翟璜提出建议，希望将这块地盘交给吴起把守。

事实上，通过此役，吴起已经证明自己确实很会带兵打仗，没有理由不获得魏文侯的进一步信任。

之所以能够打赢战争，和吴起之前的积累有关，也和他出色的带兵之术密不可分。吴起一向廉洁奉公，待人公平，因此而能够取得所有将士的信任。他们也都愿意为吴起效命。

在听了翟璜的建议之后，魏文侯也决定成人之美，对吴起继续委以加倍的信任。他当下决定，西河地区的长官就由吴起担任，由吴起领兵抵抗秦国和韩国的进攻。吴起在各座城池之间构筑城墙，连绵不绝，称之为长城，成为非常坚固的防御阵地。

5. 善于识人的翟璜

多年之后，田子方渡过黄河，造访翟璜。他看到翟璜乘坐着很高的轩车，车上有华丽的伞盖，用黄金作马络头，用丝绳和白玉饰品的坐垫，而且这样的豪车就有八十辆，这阵势把田子方吓到了。他以为对面来的是国君的车队。

正当田子方感到诚惶诚恐的时候，翟璜在车上看到了他，立即下车小跑过来，自报家门说："在下正是翟璜。"

田子方说："啊，我以为是国君的车队，没想到啊，完全没想到！先生为什么忽然变得如此阔绰了？"

翟璜回答说："这些待遇都是国君赐给我的，是长期慢慢积累起来的。以前西河地区没人把守，我推荐了吴起，确保了这里很长时间都安定无事。在这之后，西门豹、北门可、乐羊、李克等都是经我发现并推荐，使得魏国自此大治。也因为这个原因，我得到的爵禄一直在增加，以至于此。不想竟然惊吓到您了，罪过罪过！"

听到这里，田子方乐呵呵地说道："真不错，您继续加油吧！我看魏国的相位在向您招手了，而且非您莫属！"

田子方也是一位高人，言语之间透露出对时事的洞察能力，而且始终深不可测。

有一次，魏文侯召集田子方一起喝酒，好一派歌舞升平的景象，这让魏文侯感到志得意满。忽然之间，魏文侯就看到了宫廷乐队的拙劣表现，和田子方说道："你看看，这编钟的乐声明显不协调啊，左边的高了。"

见此情形，田子方笑而不语，魏文侯忙问："先生你笑什么呢？我没有说错吧？"

田子方回答道："微臣听说，国君需要懂的是如何任用乐官，可以不必太过精通乐音这些。现在国君您非常精通乐音，所以啊，我是担心您会对如何任用官员而有所疏忽。"

魏文侯也笑了，说："对啊。更重要的是人！"

魏文侯大概在内心也会嘀咕：这臭小子，他这不就是在暗中提醒我不要不务正业吗？

6. 有度量的仁德之君

魏文侯在大力推行变革，自己带头重信义，讲仁术。他认为，只有这样才能将变革很好地推进下去。翟璜提到的乐羊也是战国初期名将，魏文侯曾派乐羊担任主帅，率兵讨伐中山。与此同时，吴起也奉命从西河地区率领军队出击，对中山形成合围。

大兵压境，中山国的国君杀死了乐羊的儿子乐舒，并制成肉羹送给乐羊。为了麻痹对手和表示忠心，乐羊端起肉羹就吃了起来。听到这个消息，魏文侯不免赞叹说："真是忠臣啊！乐羊为了魏国，竟然吃了亲生儿子的肉做成的肉羹！"没想到的是，立即就有人对此不以为然，提醒魏文侯道："他连自己儿子的肉都敢吃，还有谁的肉不敢吃呢，还有什么事情不敢做呢？"

经过乐羊和吴起的合力进攻，中山国终于支撑不住。中山国本来就是处于夹缝之中的小国，就此被魏国覆灭。等乐羊攻占中山国获胜归来之后，魏文侯虽然也奖赏了乐羊，但还是认为乐羊心地过于残忍，并没有继续重用他。所得之地，也就此封给了自己的儿子魏击。魏击，就是后来的魏武侯。

魏文侯在安排完这些事情之后，大大方方地询问群臣："你们认为我是一位什么样的君主啊？"大家都回答说："您真是一位仁德的君主啊！"

这时候只有一个叫任座的人发出了不和谐的声音，他说："国君占有了中山国，却不是用来封弟弟，而是封给自己的儿子，这哪里算得上什么仁德君主啊！"

听了这些话，魏文侯不禁大怒，任座只得快步离开。随后魏文侯再次询问翟璜，只见翟璜不慌不忙地回答说："您是一位仁德的君主！"

魏文侯忙问："你是怎么样知道的呢？"

翟璜回答说："微臣听说国君如果充满仁德，那么他的臣子就会敢于直言。刚才任座说话非常耿直，我由此而知道您是一位仁德的君主。"

看来这翟璜确实是一位善于逢迎的马屁精，把拍马屁的水平提到了无人能及的境界。国君一旦遇到了这样的大臣，怕是基本都无力拒绝。

听了翟璜这番话，魏文侯不禁大喜，立即派翟璜去将任座追回来，还亲自走下殿堂迎接他，将任座奉为座上宾。

由此可见，魏文侯确实是很有度量的仁德之君，而翟璜则是一位情商很高的大臣。吴起和乐羊都因为受到他的推举而改变了命运，也就此改变了魏国的发展轨迹。

后来，在乐羊的后代中又出现了一代名将，他的名字叫乐毅。

7. 仁术治军

吴起带兵打仗，同样重信义，讲仁术。他首先从治军抓起，治军则从爱护士卒做起，力争让全军上下都心服口服，心甘情愿地为他效命。吴起的军队也因此而横行无敌。

担任主将之后的吴起，始终注意和官兵保持一致，吃穿都和最下等的士兵保持一致，和他们穿同样的衣服，吃同样的伙食。睡觉时，士兵不铺垫褥，吴起也不铺。行军时，士兵不乘车骑马，他也始终步行。为了表示仁爱之情，行军时，吴起还经常亲自背起那些捆扎好的粮食。一袋一袋的粮食，非常沉重，背起来非常辛苦，但吴起乐此不疲，因为他要和士兵们始终做到同甘共苦。

有个士兵忽然生了恶性的毒疮，吴起立即替他吸吮毒液。这些毒液如果不及时清除，患者就会非常痛苦，甚至有生命危险。

这么看起来，儒家的那套有关仁义道德的学说，吴起好像并没有完全丢掉啊，而且一直在努力践行。不错，仁者爱人。只有爱人，才能赢得别人的爱。吴起相信这个逻辑，希望通过感化士卒来换取士卒的信任，进而慷慨赴死。兵圣孙武也曾经说过："视卒如婴儿，故可与之赴深溪；视卒如爱子，故可与之俱死。"吴起也相信这个道理。

当然，吴起的这个套路，并不能瞒过所有的人。这个士兵的母亲听说吴起将军为自己的儿子吸吮脓疮的事后，立即就放声大哭。旁边有人劝说道："你的儿子不过是个无名小卒，吴将军放下身段，亲自为他吸吮脓疮，你为什么还要哭呢？应该感到欣慰和高兴才对啊。"只见这位母亲回答道："不是这样的。当年吴将军曾经替他父亲吸吮过毒疮，不久之后他父亲便在战场上勇往直前，随后就死在敌人的刀枪之下。如今，吴将军又来给我儿子吸吮毒疮，不知道我儿子会在什么时候死在什么地方，因此我才会痛哭啊！"

可见，即便吴起已经学习了很多的兵家谋略，套路一出，仍然会被护犊子的母亲瞬间识破。因为经历太多的沧桑，老人早已是洞察一切，因而也成为智慧的象征。何况这位母亲对吴起的那套把戏已经有所领教，而且有着切身之痛！

除了仁慈的一面，坊间其实还流传着不少故事，暴露的是吴起的冷血，反映出吴起治军的多面性。

据说在一次针对秦国的战争中，有个士兵提前出击，还成功地斩杀两名秦卒。对此，吴起非但没有实施奖赏，反而立即要求给予严惩。手下人连忙劝说道："这就是所谓的材士啊，应该奖赏才对。将军非但不奖赏他，反而是处罚他，这是什么道理呢？"只见吴起非常冷酷地说："不听军令，没有按照既定时间发起进攻，破坏的是军纪，也影响整个的作战计划，所以必须严惩！"说完，吴起下令将这名士卒斩首示众。

　　一个是仁慈的吴起，另外一个则是完全不讲情面的吴起。哪一个才是真实的吴起？其实都是。两个故事，折射出吴起治军的两个侧面，都是必备的手段。

　　关于治军，春秋时期的著名军事家孙子曾说过，"令之以文，齐之以武"，要求将帅做到文武并用。也就是说，一面是大棒政策，一面是胡萝卜政策，需要做到文武并用才行。吴起治军，自然也懂得这个道理。

8. 择其人而用之

自从被魏文侯任命为将后，吴起便率兵与诸侯接连开战，不断地取得胜利。据说是吴起著作的著名兵书《吴子兵法》中记载："大战七十六，全胜六十四，余则钧解。"从中可以看出，吴起所指挥的战争，至少都是能够保持不败，而且获得全胜的比例非常之高，已经高达八成以上了。这样的数字不知从何而来，更不知道是否准确，倒是真的验证了李悝当初介绍吴起时说的那句话：战绩是司马穰苴远远无法企及的。虽说这其中必然存在着夸张成分。

雄才大略的魏文侯遇到一帮贤才

辅佐，因此能够施展自己的抱负。魏国朝着四面八方扩张领土并且拓地千里，其中有不少是吴起的功劳。据说魏国越过赵国成功地灭掉中山国，也是依靠吴起的出色指挥。

切身感受到吴起领兵作战的能力之后，魏文侯经常拉着吴起讨论军政大事，探讨用兵作战的方略。

魏文侯问吴起："寡人已经知道先生善于领兵作战，您也懂得治国的道理吗？"

吴起回答说："要想把国家治理好，必须要善于教导百姓并亲和万民。简单地说，和是第一要义，而且要注意防止四不和。如果不和于国，就不可以出军；如果不和于军，就不可以出阵；

如果不和于阵，就不可以进战；如果不和于战，就不可以在战场上决胜。因此，先确保和，然后才能成就大事。"

魏文侯接着问："国家兴衰的关键在哪里呢？"

吴起回答说："道、义、礼、仁，这四者简称四德。修之则兴，废之则衰。"接下来，吴起继续强调的是礼和义，指出："凡是治国治军，必须要以礼教民并以义激励，使得民众具备耻感。一旦有了羞耻之心，在大足以一战，在小足以做好守备。"

"请先生进一步说说战争发起的深层原因。"

对此，吴起早已深有研究，于是不急不慢地回答说："战争发起的原因有这五条：一是争名，二是争利，三是积恶，四是内乱，五是因为发生了饥馑。与之对应，军队也可以分为五种，分别是义兵、强兵、刚兵、暴兵、逆兵。有的军队是禁止暴乱，有的军队是恃众凌寡的，有的军队是因怒兴师，有的军队是弃礼贪利，有的军队是因为看到国乱人疲所以趁机举事。每一种军队，都可以找到相应的对付办法。"

魏文侯在听完吴起的这些分析之后，忍不住连连点头称是，对吴起更是信任有加。只是好景不长，公元前396年（魏文侯五十年），魏文侯去世，吴起的人生注定要再起波澜。

吴起曾经对魏文侯说："如果不择其人而用之，就如同是伏着的鸡和狸子搏斗，或者是小狗和猛虎搏斗，虽然充满了斗心，只会立即死掉。"魏文侯其实正是善于择人之人，因此他才能不拘小节而重用吴起。在魏文侯的周围也聚集了一帮能人，使得魏国在战国之初处于领先优势。所谓一朝天子一朝臣，一旦魏文侯去世，换了一个人做国君，一切都会随之而发生变化。

三、再生波折

1. 在德不在险

魏文侯死后，魏击继位，是为魏武侯。作为前朝重要功臣，吴起最初阶段尚且受到重视，经常受到魏武侯召见，共同商讨军政大事。现存史籍，尤其是著名兵书《吴子兵法》中，还保留着不少他们之间的君臣对话。其中所讨论的内容或许也有伪托成分，但也能从一个侧面反映出吴起当时备受魏武侯信赖的情形。

有一次，魏武侯泛舟于黄河之上，非常惬意地乘船顺流而下。一群人饱览秀丽河山，魏武侯忽然心生感慨，于是他回过头来对身后的吴起说道："山川险要，河山壮美，这些都是魏国不可失去的瑰宝啊！"

大夫王错趁机附和说："这正是魏国强大的资本啊！如果善加利用，就一定可以凭借这些而成就王霸之业！"

面对阿谀奉承的王错，吴起没给他留什么情面。吴起一面驳斥了王错，一面则是趁机发挥了一下他对于治国理政的看法。只见吴起说道："山川险要固然很好，但国家政权稳固与否，全在于统治者是否推行德政，给民众以真切的实惠，并不在于地理形势的险要。"

　　魏武侯点了点头，示意吴起继续讲下去。吴起接着说道："以前那个三苗氏，左有洞庭湖，右有彭蠡泽，占据了山川之险，却不注意修德行，不注意推行仁义，因此而被夏禹灭掉。夏桀的住处也非常险要，左边有黄河和济水作为依靠，右边则有泰山和华山可以屏障，南边有伊阙山，北面有羊肠坂。但是，因为他不注意推行仁政，所以商汤便起来推翻了他的统治并将他放逐。殷纣的领土同样有险可恃，左边是孟门山，右边是太行山，北边是常山，南面是黄河，但他同样不注意施行仁德，结果武王就把他杀了。由此看来，政权的稳固与否，全在于国君是否能给百姓施以足够的恩德，而不是依靠地理形势的险要啊。如果国君不施行仁德，即便乘坐同一条船的人，也会随时变成您的仇敌。"

听了吴起这番慷慨激昂的演说，王错只得沉默不语，魏武侯则忍不住夸赞说："讲得真好啊！"

在德不在险，吴起的核心思想就在这里。这句话道出了治国理政的关键，吴起的这一论断被很多人赞赏和熟记。孟子说，地利不如人和，仿佛是这句话的翻版。

当然，吴起让王错尴尬一次，他们之间结下了梁子，以至于多年以后，吴起还要为他的这次辩论买单。

2. 踌躇满志的魏武侯

一段时间之内，魏武侯遇事总爱请教吴起。关于治国的，关于治军的，关于天下形势的分析，只要是魏武侯问起，吴起总是知无不言，言无不尽。

有一次，魏武侯对吴起说："我想再听听先生有关治军问题的看法。"

吴起回答说："古代那些圣明的君王，都知道谨守君臣之礼，注意上下之间的礼仪，确保民众安居乐业，各得其所。在遵从民俗推行教化的同时，也注意招募良才，以备不虞。过去，齐桓公招募国士五万人，因此能称霸诸侯。晋文公则招募勇士四万人，由此能实现自己的意志。秦穆公则建立三万人冲锋陷阵的队伍，因此而让邻国的敌人屈服。因此，那些强国的君主，必定是先把人口的基数和能力等搞清楚。民众之中，如果有胆气勇力出众的，可以编制为一队。那些乐于参战效命以显示其忠勇的，可以编制为一队。那些弹跳能力很强和善于奔跑的，可以编制为一队。那些丢掉官位的王臣中，如果有迫切希望立功的，可以编制为一队。那些弃城逃跑想要除去骂名的，可以编制为一队。这些都可以编成军队中的精锐之卒。这样的精锐，如果有三千人，就可以施展自己的抱负。一旦由内出击，则可以冲破包围；一旦由外进攻，则可以屠灭城池。"

很显然，吴起的一番演说再次打动了魏武侯，因此魏武侯接着发问："也想听听那些战阵坚实、防守牢固、战斗必胜的方法。"

见此情形，吴起也来了精神，立即回答说："这些内容不会只是传说，如果愿意，是可以立即就见到的！"

"哦？请接着说下去。"

"如果能使得贤能之人居于上位，不肖之徒处于下位，那么阵势就已经非常坚实。如果使得民众各自安居田宅，和各级官吏保持亲近，那么防守必然坚固。如果百姓都是坚决拥护自己的国君而不是邻国的国君，那么战争就已经可以获胜了。"

听到吴起的这番话，魏武侯内心

无比舒坦起来，自然也会变得更加踌躇满志。他也想效法魏文侯，在乱世之中有所作为。

魏武侯的自我感觉一向都很好。有一次，他和群臣商议国是，魏武侯的见解无人能及，罢朝之后，他仍然情不自禁地面带喜色。

看到扬扬自得的魏武侯，吴起忍不住进言道："以前楚庄王也曾和群臣谋划国是，他见解出众，群臣无人能及，楚庄王因此而在罢朝之时面带忧虑的表情。申公非常不解，连忙发问。楚庄王说：寡人听说世上并不缺能人，楚国也不缺乏贤才，如果能够得到他们作为老师就可以称王，能得到他们作为朋友就可以称霸。如今寡人不才，群臣却无法超过我的才能，楚国因此而必然存在着危险。同样的情况，楚庄王为之担忧，而大王您却感到高兴，微臣因此而感到担心。"

听了吴起这番分析，魏武侯的脸上也有了惭愧之色。

3. 信任危机的化解

眼见吴起日益受到魏武侯重用，有些人便感到不服气。他们悄悄地跑到魏武侯面前打起小报告，告诉魏武侯说："吴起这个人，为人一向贪婪，千万不可重用。"听了这番话，魏武侯将信将疑，坊间关于吴起的传闻太多了，魏武侯已经在无意之中逐渐疏远吴起。

公子成也能看出君臣之间的关系正在发生着微妙变化，因此立即求见魏武侯。他问魏武侯："君王为什么忽然之间就疏远了吴起呢？"

魏武侯回答说："有人告发吴起为人一向贪婪，寡人因此而感到担忧，始终高兴不起来啊，也不敢对他委以重任。"

公子成说："只怕君王这样做有点欠妥当啊！以吴起的才能，天下国士，无人能及。即便是他人性中有贪婪的一面，那也可以是赶来侍奉君王的内在动力，不然他会心甘情愿地前来效命吗？"

很显然，公子成对吴起非常熟

悉，尤其是对于吴起的个人能力和性格缺陷等，能够客观对待，也希望魏武侯基于利弊进行合理取舍。人性都是有缺陷的，君臣之间往往是因为利益分割完成合作关系，这是一种普遍现象。公子成的这番话道出了实质，可谓人间清醒。更何况，吴起确实有着他人无可替代的价值，需要引起魏武侯的重视。对于魏武侯而言，他更需要重视的当然是吴起的才能，而不是人性中的缺陷。

看到魏武侯面色缓和了，公子成接着说道："君王可以自我衡量一下，如果与殷汤和周武王相比，比谁更加贤能？务光和伯夷都不贪钱财，商汤无法任用务光为臣，周武王也不能用伯夷为臣。如果吴起和他们二人那样不贪钱财，那么他愿意来到君王的手下听差吗？如今的魏国，东边需要抗拒齐国，南面需要抵挡楚国，北方需要抗拒韩国和赵国，西边则有虎狼之秦，可以说是独处四战之地的中央，五国都拥有雄兵，却不敢前来窥伺魏国，这其中的原因是什么呢？这不正是因为魏国有吴起为将吗？《诗经》说的那种'赳赳武夫，公侯干城'，也正是指吴起这样的得力干将。君王如果念在江山社稷，那就应当照顾吴起的爱好并赠送给他，使得吴起满足其庸俗的欲望而别无他求。依靠他来指挥魏国的军队，所失甚小，所得甚大。如果吴起离开了，天下那些才能和吴起相当的却不会来挑大梁，那么魏国就会遇到麻烦了。微臣窃为君王担忧啊！"

听完公子成这番推心置腹的进言，魏武侯不由得感慨说："你分析得真好。"于是在这之后，魏武侯恢复了对吴起的信任，一如往昔。

4.奉命训练军队

确认过眼神，吴起正是魏武侯所要寻找的那个人，于是魏武侯将军队交给吴起训练。

等人马召集齐整之后，吴起开始下达教战之令。他根据每个士卒的不同特点，进行合理的编组。因此，他命令身材相对矮小的士卒手持矛戟，身材相对高大的手持弓弩，身体强壮的手持旌旗，特别勇敢的手持金鼓，身体相对弱小的则负责饲养和后勤。尤其是那些富有智谋的，则是留在身边帮助自己出谋划策。一切安排妥当之后，吴起教给大家各种号令，认真地展开训练。

部队的行进与否，都是以鼓声作为号令。吴起对鼓声这一重要信号的使用方法进行了规定：第一通鼓响，全体整饬兵器；第二通鼓响，全体开始练习阵法；第三通鼓响，全部准备就餐；第四通鼓响，全体严整装束，做好出发准备；第五通鼓响，全部列队完毕，随时准备出征。听到鼓声齐鸣，就开始举旗，准备展开军事行动。

光有鼓声显然不够，吴起因此又进一步规范旌旗麾帜的各自含义。白天因为眼睛可以看到，可以通过旗帜实现指挥。夜晚时分，因为视线受限，则只能依靠鼙鼓金铎。此外可以利用的，无外乎点火。当然，最紧要的是能对心志有所约束，这便依靠刑罚。吴起的逻辑也很简单：只要管好了士卒的耳、目、心，军队就可以治理好。指挥这样的军队作战，全体将士都会赴汤蹈火，视死如归。

一旦得到闲暇，魏武侯就会赶来视察军队的训练情况。他想知道军队的作战能力是否和他的设想合拍，能否赶上他征伐天下的步伐。看到军队在吴起的治理之下，军容日渐严整，魏武侯的喜悦之情可谓溢于言表。忽然之间，他就意识到，更重要的事情是考察对手的训练情况，就像是照镜子那样，能否根据他们的训练情况来判断是否可以打败对手。

于是，他问吴起："我希望通过观察到敌军的外部情况就能对他们的内部真相有所了解，看到他们前进的状态就探知他们停止的可能，并且进一步判定战争的胜负，可以说给我听听吗？"

只见吴起毫不含糊地回答道："可以的。如果看到敌人来的时候是非常散漫的情状，而且毫无顾虑地闷头往前赶路，旌旗非常杂乱，人马也是左顾右盼的，那就可以打败他们。而且可以一击十，对手也毫无办法。对方几路大军尚未会合，君臣之间意见不合，沟垒也未修建完成，各种禁令还没来得及颁布和实施，三军上下吵吵嚷嚷的，往前不能进，往后不敢退，这时候也可以击败他们。而且，即便以半击倍都可以实现百战不殆。"

魏武侯又问："能不能再说得具体一点？"

吴起回答说："必须首先查明敌军的虚实情况，争取冲击对方的弱点。敌军刚刚远路赶来还没有安定的，刚吃好饭还没有做好戒备的，非常慌乱地四处奔走的，非常疲劳的，没有占据有利地形的，气候季节对敌不利的，部队非常混乱的，后方部队尚未得到休息的，涉水半渡的，通过险道隘路的，阵势频繁变动的，将帅脱离己方部队的，军心恐惧的，等等，都可以对其发起攻击。

一旦遇到了上述情况，就派出精锐的先锋部队冲击敌人，并派遣适当的兵力进行接应，而且必须要做到迅速出击，千万不能迟疑。"

5. 分析周边形势

魏武侯一直幻想着和父亲一样，在战国乱世有所作为，大展宏图。因此，他一直关注着天下形势的变化，尤其留意周围邻居们的实力消长。他相信吴起也会对此有所关注，便向他询问对策。

魏武侯问吴起道："如今秦国威胁我们西方，楚国盘踞我们的南方，赵国则牵制我们的北方，齐国面对着我们的东部，燕国断绝了我们的后方，韩国截断了我们的前方。六国之兵在我们四边严防死守，形势对我非常不利。这种情况下，应该如何是好？"

对此，吴起确实早有关注并且深有研究。他从容地对魏武侯说："安国全军之道，始终以事先警戒为宝。如今大王已经有所警戒，祸患自然也就会自此远离魏国。微臣尝试将六国的总体情况分析给大王听。总体来看，齐国的阵势庞大却不够坚固，秦国的阵势分散却能分头作战，楚国的阵势严整却不能持久，燕国的阵势偏于防守却不擅长机动，三晋之中韩、赵的阵势规整却难以为用。"

魏武侯顿时就来了精神，身体前

倾，态度诚恳地询问道："请先生分别说说，详细一点。"

于是，吴起继续分析道："我们首先看齐国。齐国人性格刚强，国家非常富足，但君臣上下都充满了骄奢之情，执政者无视民众的利益，政令松弛导致分配不均，因此他们在战场上的阵势也不够坚固。如果我们战术得当，这样的阵势是可以被击垮的。"

"那么，秦国的情况如何呢？"

"秦国人性格刚强，他们占据着险要地形，政令始终非常严酷，习惯于推行严刑峻法，每个人都充满争斗之心，因此即便散开了也能各自为战。对付秦国人，必须首先示之以利，用利益诱惑他们，再择机设伏，通过出其不意的进攻打败他们。"

"那么，楚国呢？"

"楚国人性格软弱，他们土地广阔，政令紊乱，因此导致民众疲惫，阵势严整却不能持久。对付他们，就应该轻进速退，不必轻易发起战争，等着他们自乱阵脚就可以击败了。"

"再说说燕国的情况？"

"燕国人性格诚实，民众好勇尚义，却不擅长诈谋之术，因此也可以找到弱点。可以先派出军队缠斗并对其展开压迫，再忽然地撤到远处，迅速地从侧后对其发起袭击。"

"那么，三晋之国呢？"

"三晋是中原地带，韩国和赵国有相似的特点，民众的性格相对温和，发布政令也较为平和，但是他们一直疲于应战，虽然熟悉战阵并精通技击，但士卒并没有必死的斗志，因此阵势虽然整齐却不中用，只要使用严整的阵势来进行压迫，就可以击败他们。

"六国都是竞争对手，有着不同的形势，也有着各自的优点和劣势。如果使用合理的战术，就可以击败这些对手。"

听完吴起的这番分析之后，魏武侯忍不住连声赞叹："说得真好啊！"忽然之间，魏击发现自己变得帅了起来，因为他在与诸侯争霸的格局中并不处于下风，甚至已经握有大把的胜机。因此，他决意使用暴力模式，开启与诸侯国相处的另外一种模式，吞并它们的领土，掳掠它们的人口。

6. 分析用兵之道

魏武侯确实深度迷恋军事，因此不时地拉着吴起，深入探讨治军方法和取胜之道。

一次，魏武侯大概是忽然心生豪迈的志向，于是问吴起："用兵之道，究其根本，什么是最要紧和最先做好的？"

吴起回答说："首先是探知地形的险易，如此才能知道地理条件是不是适合马匹奔跑；其次是考察时机，看清楚方便马匹拉车；再次是车轴是不是经常保持润滑，确保战车方便载人；最后还要看武器是否锋利，铠甲是否坚固，考察士卒是否方便作战。"

魏武侯又问："用兵作战，依靠什么取胜呢？"

吴起回答说："以治为胜。"

魏武侯连忙反问："如果军队数量庞大呢？"

吴起回答道："如果是法令不明，赏罚不信，士兵听到鸣金也不愿意停下脚步，听到鼓声也不愿意前进，虽有百万之众，又有什么用呢？因此，必须确保军队平时守礼奉法，出动时有声威，而且进不可挡，退不可追，前进有节，全军始终保持一个整体，同享安乐和悲苦，从而慷慨赴死。这种军队，就是那种父子之兵，始终不可分离，一旦决定前进，天下没有人敢抵挡。军队一旦踏上行军作战的道路，就需要注意保持行军的节奏并确保饮食能够合理供应。只有人马都保持充沛的体力，才能很好地执行上级交给的使命。"

看到魏武侯听得入迷，吴起的声调也变得沉重而且富有感情。他接着说道："一旦士兵投入战场，那就需要面对牺牲，所有人都需要抱着必死的信念。而且，只有抱着必死的信念，才有勇气和机会击败对手。一旦有了侥幸偷生的念头，军队就会有覆灭的危险。用兵之害，以犹豫不决为最，三军之灾，以狐疑不定为最。因此，历史上那些善于指挥的将帅，如同是坐在漏船之上指挥，如同是身处燃烧的茅屋之下，始终带着必死的信念，而且指挥作战时，从不拖泥带水，也从不会迟疑不决。"

"说得好！"魏武侯沉吟片刻，接着又问，"那么平时呢？该如何培养士兵的战斗力。"

吴起回答说："大王问得很好。用兵之法的要诀，就在于先期做好训练。通过教会一个人来继续教会十个人，然后再教会百人、千人、万人，直至三军都变得训练有素。"

魏武侯接着问道："三军前进和停止也有固定的法则吗？"

吴起对曰："注意不要在大山谷口驻扎，也不要在大山的顶端驻军。军队的行动，需要按照合理的旗语指挥。将要发起战争之际，也要注意观察风向，顺风时就坚决追击，逆风时则以坚固的阵势做好防守。"

魏武侯又一次问道："两军对阵时，怎么考察将帅的才能呢？"

吴起回答说："确实如此，临战之时，首先就要注意考察对方将帅的才能。可以派出勇敢的下级军官，率领一支精锐部队尝试对敌展开进攻。一旦交战，只求败，不求胜，并设法诱惑敌军追击，考察敌将的指挥能力。如果他们的指挥有条不紊，甚至连战利品都视而不见，那么这样的将帅就不可轻易与之交战。如果敌军非常喧闹，旌旗杂乱，士卒争夺战利品时唯恐落于下风，那么这位领兵作战的将军就是愚将，即便是拥有数量庞大的军队，也会被我们击败。"

7. 困境用兵之术

虽说魏国当时已经有着不错的实力，但是魏武侯也会设想到困难局面，一旦出现己方实力不如对手的情况，也应该有相应的处置办法。不懂就问，魏武侯随即询问吴起道："我方固然战车坚固，马匹精良，将士勇敢而且强壮，但是因为突然遭遇敌军而变得非常混乱不堪，这该怎么办才好？"

吴起答："确保三军上下服从命令，树立军法的威严，就没有无法打败的强敌，没有不能攻破的坚阵。"

等于没有回答，魏武侯也感觉是问了个寂寞，于是接着问道："如果是敌众我寡，那该怎么办呢？"

吴起回答说："如果是在平坦地形上相遇，那就要努力避免和对手作战。必须要依托险要的地形来设伏截击。也就是说，要想实现以一击十或以十击百，最好是找到那种狭窄的隘路和险要地形。"

魏武侯其实还没有找到他想要的答案，于是接着问道："遇到的敌军人多势众，不仅是训练有素，而且非常勇敢，占据着险要地形，右边依山，左边临水，而且粮食又非常充足，这时候应该怎么办才好呢？"

这一次魏武侯已是把困难设想到最大程度了，该是把吴起难住了吧，没想到吴起还是能努力提供一份答案。只见吴起回答说："您提的问题很大啊！这时候不能依靠单兵和车骑的力量，而是要设计高明的计谋才能取胜对手。可以把战车、骑兵、步兵分为五队，分成五个方向出击，使得敌人产生迷惑，不知我军的真正进攻方向在哪里。与此同时，要设法搞清楚敌人的动向。兵分五路进攻，即便是战胜了对手，也不要发起追击，一旦不能取胜就迅速撤军。等到假装败退时，就设法引诱敌军，以其中一军稳妥地投入战斗，其他四军则完成牵制敌人和拦截退路的任务，另以两军偷偷展开袭击行动。只有五支军队合作分工，才能形成有利态势，打败强敌。"

本以为魏武侯会到此打住，没想

到他还是要提高难度系数，接着问道：
"如果是在溪谷之间和敌人遭遇，两边
都是险要地形，而且敌众我寡，我军处
于不利局面，应该怎么处置呢？"

吴起仍然是有备而来，他回答
说："如果是遇到了丘陵、森林或是深
山、大泽等不利地形，就应该迅速通
过，行动一定不要迟缓。如果是在高山
深谷突然与强敌遭遇，那就需要注意先
击鼓呐喊，再乘势冲击敌人，把弓弩手
放在队伍最前面起到戒备作用，同时观
察敌军阵势是否产生混乱。一旦发现敌
军出现混乱局面，就毫不迟疑地全力对
其发起进攻。"

本以为魏武侯的发问会到此结
束，没想到还会有进一步的发难。只见

魏武侯问道："我军与敌在洪水地带相遇，战车的车轮和车辕都被淹没，车骑随时都有被洪水吞没的危险，我方没有准备船只，因此前进或后退都非常困难，这时候应该怎么办呢？"

吴起回答说："这种情况下叫水战。如果车骑无法使用，就姑且把它们留在岸边。既然是遇到洪水，就要登高观察，一定首先搞清楚水情，了解水面的宽窄和深浅，才能出奇制胜。一旦敌军渡水而来，就应该乘其半渡时展开袭击。"

魏武侯和吴起之间的一问一答，持续了很久。魏武侯有时候觉得吴起答非所问，并不是非常满意，但也有时候觉得自己很有收获，对战争和战法等，都有了更加深刻的理解。

8. 严明赏罚

魏武侯仿佛真的找到了击败对手的方略，有了迫切发起争霸战争的愿望，并努力使得魏国成为各国为之胆寒的中央之国。为此，他还需要就一些细节向吴起继续请教。

魏武侯问吴起："我听说做好了严刑明赏，就足以获胜，是这样的吗？"

吴起回答说："如何赏罚严明，这件事情我怕是不能详尽地向您说明。当然，在我看来，这些事情虽然很重要，但也不能作为秘诀而完全依靠。一旦发号施令，人们都会乐于听从；一旦决定出兵打仗，人们都会乐于参战；一且发布命令冲锋陷阵，人们都会乐于效死。做到这三点，才是君主获胜的基础。"

魏武侯忙问："应该怎么样才能够做到呢？"

吴起回答说："您要选拔出那些有功人员，立刻举行盛大的宴会热情地款待他们。这么做，是对有功之人的奖赏，同时也是对无功之人的勉励。"

对于吴起的这一建议，魏武侯立即做出了响应。他在祖庙设席，划分出三排座位宴请士大夫。那些立了上等功的，被安排坐在前排，享用的是上等酒席和珍贵餐具，而且猪、牛、羊俱全。那些立了二等功的，则被安排坐在中排，酒席上的饭菜和餐具等，则较上等要差了一些。没有立功的则被安排坐在后排，眼前只放着一些普通酒菜，而且没有摆放贵重的餐具。宴会结束之后，魏武侯又在庙堂的门外赏赐那些有功之人的父母妻子，并且按照功劳大小分出差距排列。对于那些死难将士的家属，魏武侯也给予奖赏，并且每年都派人前往死者家中慰问，并赏赐他们的父母。

魏国按照吴起设计的这个方案实行了三年，效果非常明显。秦国的士兵尚未到达魏国的边境，魏国这边已经做好战斗准备。士卒在听到消息之后，不必等待官吏下达命令，就已经提前穿戴好盔甲，做好了奋勇抗敌的准备。

见此情形，魏武侯非常高兴，

他再次召见吴起说："看来您以前教我的那些办法，现在确实已经见到成效了。"

吴起笑着说："凡人都是既有短处，也有长处，士气也会有盛有衰，因此必须要做好引导。您不妨尝试交给我五万名没有立过战功的人，我可以率领他们去抵挡秦国军队。如果不胜，可能会被诸侯讥笑，但我愿意去尝试一下。"

魏武侯问道："这其中是什么道理呢？"

吴起回答说："这个道理也很简单。如果现在有个犯了死罪的盗贼潜伏在荒郊野外，我们派出一千人去追捕他，这一千个人都会瞻前顾后，非常担心。因为他们都害怕盗贼会突然跳出来而伤害了自己。由此可见，一旦是一个人豁出性命了，就足以使得上千人产生畏惧之心。如今我这手里有五万人，他们人人都像那个盗贼一样渴望杀敌，由我率领他们征讨敌人，秦国军队必然很难抵挡。"

如果能成功地激励士气，确实能起到意想不到的效果，魏武侯也懂得这个道理。于是，他采纳了吴起的意见，并且另外加派战车五百辆，战马三十匹，交给吴起率领。

秦军这边，人数占据着绝对优势。吴起不敢怠慢，继续利用一切手段激发士气。在两军交战的前一天，吴起向三军发布命令说："全体将士必须听从命令，勇敢地和敌人战斗！无论是车兵、骑兵还是步兵，都必须勇往直前。如果车兵不能缴获对方的战车，骑兵不能俘获对方的骑兵，步兵不能俘虏对方的步兵，即便是在战场上打败了敌人，都不算是立下战功。"就这样，魏国的士兵斗志昂扬，同秦军交战的那天，吴起没有再过多地发布号令，但也取得了辉煌的战果，由此而威震天下。

9. 武侯的心思

吴起负责治理西河已经有一段时间，逐渐顺风顺水，但他始终忘不了当初的艰辛。秦国军队来袭，吴起急需征兵，但是征兵令发布半天，没有任何人响应。对于初来乍到的异乡客，当地民众并不买账。为了尽快赢得他们的信任，吴起不得不绞尽脑汁。

有一次天黑之前，他在南门外竖起了一根木柱，然后对全城百姓说："如果有谁能够扳倒南门外的那根木柱，我就立刻任命他为长大夫。"

结果，一整天过去了，没有任何人做出响应。不仅如此，老百姓还议论纷纷地说："哪里会有这种好事，不可能是真的。"

就在这时，有个人站了出来，说："我去试试，最多是得不到奖赏罢了，又有什么伤害呢？"于是他就上前扳倒了木柱，并随即拜见吴起领赏。没想到吴起得知消息后，亲自出门迎接，并随即按照约定，任命他为长大夫。

这件事情很快就传遍了全城。当天晚上，吴起再次让人在南门外竖起了一根木柱，并对全城百姓传达了类似指令。结果，全城百姓都争先恐后地奔往这根木柱。因为老百姓此时已经对吴起充满信任，相信他所建立的这套赏罚制度。

渐渐地，吴起在西河这里已经取得了很高的声望。吴起满心以为自己会得到魏武侯的赏识，在魏国的政坛有所发展。没想到的是，在设置相位时，魏武侯还是任命田文做了相国。

得知这一消息，吴起当然会很不高兴，于是找来田文说理。他对田文说："我们比一比谁的功劳更大，您看可以吗？"

田文毫不犹豫地说道："可以。"

吴起立刻说道："统率三军，让士卒愿意为国家效命并且拼死作战，使得敌国不敢对魏国有所图谋，就这一点来看，您和我之间，谁做得更好？"

田文回答说："我肯定不如您。"

吴起接着问道："管理文武百官，让百姓甘愿亲附，国家府库的储备变得充实起来，就这一点来说，您和我谁做得更好？"

田文继续回答说："我同样不如您。"

吴起又问："奉命据守西河地区，使得秦国的军队不敢向东前进，不敢随意侵犯魏国，并且使得韩国和赵国都愿意服从或归顺，就这一点来看，您和我谁做得更好？"

田文继续回答说："我还是不如您。"

吴起扬扬自得而且不无愠色地质问道："在这几个方面，您都明显不如我，可是您的职位却忽然排在我的上面，这又是什么道理呢？"

田文则是和颜悦色地回答说："国君刚刚即位，目前还很年轻。这时候，国人都疑虑而且不安，大臣也不愿意亲附，百姓也并不信任，国君处在这个时候这个环境之下，您认为他是把政事托付给您好呢，还是托付给我更好呢？"

听了田文这番话之后，吴起沉默许久，然后抬头说道："看来还是应该托付给您才对啊。"

田文立即说道："这正是我的职位比您高的原因所在啊。"

吴起忽然明白，自己也有远不及田文的地方。田文更适合在魏国的政坛生存，至少他更懂魏武侯的心思，并能让各方都满意。

10. 被迫出走

忽然之间，吴起再次遇到了新的危机，被迫再次出走他乡。这次危机的出现，又是和相位有关。也许是国相的位置太过重要，抑或是权力的诱惑太大，吴起即便是没有靠近，别人也已经将他视为潜在的威胁，必欲除之而后快。何况吴起确实有着可以利用的人格缺陷。

等到田文死后，魏武侯又任命公叔担任国相。公叔同样善于经营，而且工于心计。为了巩固自己的地位，他娶了魏君的女儿，把攀龙附凤的本领发挥到了极致。但是，即便如此，公叔还是非常畏忌吴起。

这时候，公叔有个仆人看出其中端倪，他对公叔说："想赶走吴起其实并不是什么难事。"

公叔忙问道："那……应该怎么操作才能达到目的呢？"

只见仆人不紧不慢地回答说："吴起这个人，为人一向很有骨气而且又喜好名誉，在乎自己的声望，因此可以找到对付的办法。您可以找机会先对魏武侯说：'吴起是个非常有能力的人，魏国的国土却太小了，而且和强秦接壤，我因此私下担心吴起并没有长期留在魏国的打算。'听到这，魏武侯就会询问对策，这时候您就可以趁机对魏武侯说：请用下嫁公主的办法去试探一下他，如果吴起确实有着长期留在魏国并为国君效命的想法，那么他就一定会答应迎娶公主。反之，如果没有留下来长期效命的打算，那他就一定会努力推辞。我们不仅可以用这个办法来推断吴起的心思，同时也可以借机除掉他。与此同时，您也可以找个机会邀请吴起一道回家，让公主故意发怒并且当面鄙视您。吴起一旦看见公主这样蔑视国相，做魏武侯的女婿如此卑贱，那他就一定不会再想着迎娶公主了。"

仆人的设计可谓阴险狠毒，公叔则照单抓药，立即推行。一切正如仆人所料，吴起见到公主粗暴对待国相，果然婉言谢绝了魏武侯的邀请。至于魏武侯，则正是由此而判断吴起的忠诚度，相信他不会久留魏国。吴起担心招来灾祸，于是立即计划离开魏国。

让吴起下定决心离开的，还有其他隐藏的势力。就在吴起全力以赴地治理西河之时，王错不停地向魏武侯进献谗言，令魏武侯不得不对吴起加倍提防。

这个叫王错的人，是魏武侯近臣，有权有势，吴起则与他很早之前就产生恩怨。比如魏武侯刚刚夸赞山河之险，王错这样的马屁精立即就会贴上去说几句附和的话，吴起则坚持认为治理国家的关键在德不在险。魏武侯也许不会在意，但是却在王错内心埋下仇恨的种子，一旦遇到合适的时机就会破土而出，生根发芽。所以说，聪明的人都知道不能得罪小人的道理！

有一次，魏武侯所做决定明显有悖常理，王错却忙不迭地在旁边拍马屁，令吴起不得不发出警告："我们国君所说的，对国家安全构成严重威胁，你却不停地添油加醋表示附和，这明显是危上加危！"这令王错非常不悦。

魏武侯派出使者试图召回吴起，反倒促使吴起立即下定离开魏国的决心。吴起驾车出发，在行走一段路程之后停车回望西河，情不自禁地流下了数行眼泪。这时候，仆人对吴起说："我曾私下观察您的所作所为，放弃天下如同丢弃一只鞋子而已，如今离开西河却忍不住泪水，这是什么原因呢？"吴起回答说："这其中的道理，你是不懂的。魏武侯相信我，让我能够在西河这里发挥才能，我又尽我所能地治理西河，才赢得今天的局面。如今魏武侯听信谗言不再相信我，西河被秦国攻占的日子就在眼前，魏国的实力也会从此削弱。"

听了吴起这番解释，仆人还是不知道他为谁而悲伤。也有可能是在为自己悲伤，毕竟在鲁国也已经有了不愉快的经历。这次似乎比上次严重，一旦不被信任，他就会有受到迫害的危险，因此只能选择迅速逃走。

而且是说走就走，一旦走迟了，很可能就走不了。

四、楚国殒命

1. 拜见屈公

和魏武侯不辞而别之后，吴起随即就来到了楚国。

楚国当时是悼王执政，他早就听说了吴起的贤能，因此对吴起翘首以待。吴起刚到楚国，就被任命为苑守。对此，吴起曾经表示疑惑，他曾问屈宜曰："大王并不知我吴起的不肖，任命我为苑守，先生有什么好的方法教我吗？"面对如此谦虚好学的吴起，屈公并不想作答，只是沉默不语。

一年之后，楚悼王便任命吴起为令尹，他又问起屈宜臼："一年之前，我曾向先生请教治术，先生不肯教我。如今大王不以为我吴起不肖，任命我为令尹，先生想看看我如何履职吗？"

屈公连忙问道："先生将会有哪些措施？"

吴起回答说："我想平均一下楚国的爵禄，力争实现损其有余而补其不足，并且励精图治磨砺甲兵，一旦出现有利时机，就将带领楚国争霸天下。"

屈公说："我听说过去那些善于治理国家的人，不会轻易地做出改变，不会轻易地把常态的东西推倒重来。如今先生想要平均楚国的爵禄财产，实现损其有余而补其不足的目标，这就是改变人们已经习惯的日常，打破已经成为定局的东西。这怕不是好事啊！"

打开话匣子之后，不仅是教诲，同时更像是对自己的一通数落，但吴起只能任由屈公继续说下去："我听人们常说，兵者，凶器也，争者，逆德也。这就是人们对战争现象的定性。如今先生推崇的是阴谋之举和逆德行为，喜好使用战争这种凶器，这正是人们所厌弃的东西，非常大逆不道。明明知道是不好的事，却非得要去做它，这会对做事的人不利。况且，先生在鲁国用兵，并没有得偿所愿，反倒是让齐国实现了自己的愿望。后来，先生又使用魏国的军队，同样没能得偿所愿，反倒是让秦国人实现了自己的目标。"

屈公的话语中已经带有明显的挖苦，但是吴起只能忍着，忍着。

看到吴起的态度变得更加谦卑，屈公并没有放过吴起的意思，措辞反倒变得越来越激烈："我听人们常说：'非祸人不能成祸。'我们本来就在奇怪，我们的大王曾经多次做出逆天道之举，却至今没有发生灾祸。啊！到现在才搞明白，原来是在等待你啊！"

应该说，屈公的话语中更是带有明显的讽刺，但吴起还是耐心地听着。终于，他插进来一句话，诚惶诚恐地问道："还可以更改吗？"

屈公回答说："不可以。"

吴起说："我将会努力通过出色的谋划来推动楚国发生改变。"

屈公说："恕我直言，你是那种已经定型的一类人了，很多东西已经是不可更改！你还不如勤恳地做事，忠厚地做人。以楚国今天的局面，没有比举贤更重要的事情了。"

2. 掀起变法

因为得到楚悼王的支持，吴起并没有把屈公的劝诫当回事。他执意要在楚国推行自上而下的改革，希望推动楚国发生变化。

通过与屈公的一番对话，也并非没有收获。吴起至少已经看出来楚国的问题在哪里。吴起明白，楚国的守旧势力太过顽固并且太过强大，像屈公这样抱着陈旧观念而又不愿意做出改变的人太多了。自己不愿意改变，也不愿意别人改变他们的现状。因为他们是既得利益者，需要继续操弄政治权力，继续牢牢地把持着各种话语权。吴起发起变法运动，想要破坏已经固化的社会结构，其实正是与虎谋皮，绝非易事。

但吴起并不甘心屈服，而是下定决心从这里寻找突破口。所以，借助于楚悼王的支持，吴起决心试一试。

吴起祭出的第一招就是，废除传统的世卿世禄制度。因为世袭贵族长期把持着楚国的政治和经济资源，不仅使得楚王的地位受到挑战，而且朝廷负担太过沉重。因此，他向楚悼王建议，封君的子孙一旦到了三世就没收爵禄。吴起指出，楚国的问题就在于国土面积太大而人口太少，因此需要将部分人口移民至边境地区，使得大量闲人和广袤的土地都获得利用。

那么，谁是闲人？那些世袭爵禄的贵族。吴起因此建议趁着开发边远地区的机会，强迫那些贵胄子弟迁出都城，陆续充实边境，让他们在困难环境中求生，自食其力，从而实现削弱贵族势力并为朝廷减负的目的。

对于旧贵族而言，吴起推行的这项制度无异于釜底抽薪，令他们倍感痛苦。因此他们极力抵制和反抗，并对吴起充满仇恨。这种局面更证实了变法的必要性，但也会使得变法自一开始就充满了危机。

至于留在王都的贵族，也忽然感到日子变得越发难熬。因为吴起接下来就展开了整肃吏治的行动，尤其是推行"罢无能，废无用"的举措，让不少吃空饷的官员面临下岗危机。吴起推行这项制度的目的有二：一面是去除可有可无的冗官，精简机构，压缩开支；一面则是腾出空位，给那些精心挑选的新锐力量，从而为下一步推行富国强兵运动储备人才，积蓄力量。

与对上层的这种不友好形成鲜明对比的是，吴起对于社会底层的民众则相对友好。他的想法是打破固化的社会结构，使得新兴贵族能够崛起，能够在帮助楚国强大的同时也能从中获利。至于农民，则可以从发展农业和手工业等社会生产中获利，所有人都应该成为耕战之士。吴起深知，楚国要想走向强大，就必须积蓄国防实力，大量抚养军士，通过强甲兵来争天下。至于那些影响培育国防力量的行为，则一律予以严令禁止。

对于那些往来奔走的游说之客，吴起同样建议严厉打击。为了实现个人价值，战国时期的纵横家是各国政治舞台的活跃分子。朝秦暮楚的他们，并没有确定的是非观念，只有利益才是他们永恒的追求目标。随着礼崩乐坏的日益加剧，社会大势已由诚信守礼变为道德崩坏，因此便给了纵横家们活动的空间。孔子说，"君子喻于义，小人喻于利"，墨子主张"兼相爱，交相利"，纵横家却是非利不动，唯利是图。吴起周游各国，貌似和这些纵横家并没有什么区别，但他掀起变法运动，却是要反对这些，不知道是不是为了排除干扰，减少竞争对手，或者是担心他们的游说影响到自己变法的推进，从而影响到自己的地位。

楚悼王对于吴起推行的各种变法举措，都给予了鼎力支持，也使得变法能够取得较为理想的效果。一段时间之内，楚国军事力量得到了极大提升，楚国因此能够向南平定百越，向北吞并陈国和蔡国，并且打退了韩、赵、魏三国的进攻。与此同时，向西又讨伐了秦国。因为吴起成功的变法，诸侯各国都已经在为楚国的忽然强大而感到担忧。

3. 中原混战

正当吴起在楚国发起轰轰烈烈的变法运动时，赵国也在积极地寻求变化。

事实上，赵国在赵烈侯时，已经在寻求变革，到了赵敬侯时已经开始逐渐强大起来。可惜的是，这赵敬侯纵欲无度，喜欢滥杀无辜，因此在一定程度上影响了赵国的发展进程。

虽说魏国在吴起等人辅佐之下蒸蒸日上，但吴起还是因为受到小人排挤和魏武侯的猜忌而被迫离开魏国。在这之后，魏国的内外方针都发生了变化，和四周邻国的关系也在发生变化，就连楚国和魏国之间也生出矛盾，而且愈演愈烈，无法消解。一手好牌打烂了，魏国的处境慢慢变得不妙起来。

在吴起离开西河之地后，这一地区慢慢被秦国夺占，魏国在西边不仅失去了进一步发展的空间，而且随着重要渡口的丢失，本国领土也受到直接威胁。秦国的势力慢慢崛起，而且越来越强，最终成为其余六国的噩梦。

此前因为魏文侯的合理运作，使得魏国成为三晋的带头大哥，但到了此时，韩、赵、魏的关系也在发生微妙变化。以前，三国联军经常四处杀伐，并且取得了辉煌的战绩，但在分配利益时，赵国明显处于劣势。比如在对楚国的战争中，它们夺占了不少属地，但是赵国因为地理条件受到限制，无法享受到战胜的快乐，没有得到瓜分土地之类战果，因此便感到愤愤不平。也就是说，赵国发现自己完全成了陪跑的角色，当然就不太愿意继续维持这种关系。

不久之后，魏国和赵国果然翻脸，而且是大打出手。公元前383年，赵国大举进攻卫国。卫国很快就向魏国求救。魏武侯高度重视，亲自率军前往解救，大败赵国军队。本来是两国之间的纠纷，很快就演变成三国混战，再接下来就演变成为四国混战，不仅是规模越来越大，而且持续时间也越来越久，直到楚国加入之后才有所改变。

看到魏国和赵国交恶，楚国选择支持赵国，不知这是否出自吴起的建议。此时，吴起正在楚国担任令尹，而且手握着足以改变内政外交的权力。因为吴起曾长期在魏国任职，非常熟悉魏国的底细，楚国的军队由此而可以一路深入魏国的腹地，直逼要害之地。魏国上下都在说起吴起当年的神勇和今天的冷酷："啊！真的是当年那个无往不胜的战神吴起回来了！"

魏武侯也乐于听到这种声音，在他的内心大概也有这种逻辑："我们魏国的军队一直无往不胜，但是，如果是败在吴起的手中，其实也是情有可原的。他熟悉我们的情况，太熟悉了……"此时的魏武侯，想必也有一丝丝的悔意掠过心头。只是，一切都已经无法挽回了。

在吴起的指挥之下，楚国的军队成功地渡过了黄河，拦腰切断了魏国河内和河东之间的联系，魏国因此而变得首尾难顾，支离破碎。眼看时机成熟，赵国则趁机进兵，大举进攻魏国的河北地区，并且重创魏军。

此次中原混战，魏国开始阶段是实力占优的一方，骤然发力，便使得赵国遭受了惨重的损失。但是，当吴起指挥楚国军队加入战争之后，形势便开始急转直下，魏国不仅拱手让出了优势，而且遭受了惨痛的失败。局面由此发生转折，与吴起个人所起的作用有关，更与魏、楚两国的形势消长密切相连。

4. 喋血宫廷

吴起相楚，不但有政绩，也有战绩，理应取得比魏国更加牢固的政治地位。没想到的是恰恰相反，接下来的进程，完全不在吴起的设计范围之内。不久之后，吴起就此迎来了他人生过程中的至暗时刻。

由于变法运动破坏了旧贵族的既得利益，因此也必然会受到他们的疯狂报复。公元前381年，楚悼王去世。他的儿子肃王臧继位，情况立即就对吴起非常不利。以往那些被吴起罚停爵禄和发配到边远地区的，都对吴起充满仇恨，毕竟那些人本来都是生活优越，都是有权有势的王公贵族啊！得罪了他们，确实要考虑一下后果，并且敢于面对才行。

这些人在楚国有着盘根错节的实力，都一直在想着展开报复，精心谋划着如何除掉吴起。这些人一旦联手，力量不容小视。而且，他们选择的反击时机也很有讲究，正是政权交接的间歇期。

在推行变法时，吴起不惜得罪贵族，雷厉风行地积极向前推动，而且也取得了初步战果，但其实都是因为有楚悼王在背后撑腰。悼王一旦不在，那些王公贵族岂肯轻易罢休。他们立即就在宫廷发动了一场骚乱，联合起来向吴起发难。其时，悼王尸骨未寒，新王未立，而且也无力把控大局，确实给了贵族很好的反击时机。

很显然，吴起对王公贵族急于复仇的心理缺少预估。这一天，他计划和大家商讨悼王丧事的安排，也按照约定时间来到王宫，没想到迎面遇到的是一群全副武装的打手。他们有的手拿刀剑，有的腰挽弓箭，仇恨全都写在脸上。

见此情形，吴起感觉大事不妙，立即掉头就跑。众人随即在后面追赶，宫殿中立即上演了一起猫抓老鼠的好戏。作为老鼠的吴起，此时已经完全没有逃脱的可能，但他也只能努力进行最后的尝试。

情急之下，吴起只得逃到楚悼王停尸之处，他也许是祈求众人看在悼王亡灵的分上，能够宽恕自己。但是，这一切也是枉然，悼王此时已经无力保护吴起，众人仍然是一副不依不饶的架势。无奈之下，吴起干脆选择伏在悼王的尸体之上。

这也许是无奈之下的最后一招自救方式了，吴起本以为那些贵族不敢对悼王不敬，不会对着悼王的尸体动刀动枪。没想到的是，这一招也失算了，这帮人根本没有打算就此放过吴起。只见他们纷纷拿起弓箭，朝着吴起射去。众箭齐发，贵族大人们在射死吴起的同时，也射中了悼王的尸体。一时之间，场面混乱不堪。

就在此时，有一个人正在旁边不动声色地观察着这一切。他就是不久之后即将继位的楚肃王臧。在楚肃王看来，围绕吴起的这起复仇事件，正好给了他除掉尾大不掉的王公贵族的良机。

"大臣太重，封君太众"，吴起和悼王所说的情形，新君体会更加深刻。要想真正地把持住政权，他就必须要和这些尾大不掉的贵族势力有个了结才行。

按照楚国的法律，这些贵族因为射杀了悼王的尸体，必须要被即刻处死。因此，等楚肃王把父亲安葬妥当之后，立即吩咐令尹把射杀吴起的人全部都抓来处死，而且，整个家族都不能放过。就这样，因为射杀吴起而被灭族的，多达七十多家。至于吴起，则是罪加一等，即便已被射杀，还是逃不脱被五马分尸的悲惨下场。

5. 遗法后世

孟胜是墨家学派的领袖人物，和楚国的阳城君一直非常友好。阳城君曾让他帮助守卫自己的食邑，还将一块璜玉切开作为符信，并且约定好："只有两块玉完全符合之后才能听从命令。"楚悼王去世之时，阳城君也参与了攻击吴起的这起活动，楚肃王也要对他治罪，结果阳城君逃跑了。

见此情形，楚肃王便趁机要收回阳城君的食邑。孟胜说："我不仅接受了阳城君的食邑，还和他立下符信作为凭证。如今没有见到符信，凭借我自己的力量又无法阻止楚肃王收回食邑，看来我只能以死明志了。"学生连忙进行劝阻："您如果死了，对阳城君也没有好处，却使得墨家的传承受到影响，这可是万万使不得啊！"

孟胜回答说："我和阳城君之间，非师即友，非友即臣。如果这次选择了逃避，那么从今往后，人们一定不会再从墨家中寻求师友或良臣。我为此而死，正是为了确保墨家的道义可以得到继续！而且，我已经将钜子的位置托付给宋国的田襄子，不必担心无人继承。"眼看无法劝住孟胜，学生转过身去就在孟胜之前刎颈而死。孟胜吩咐完后事之后，也选择了自尽。孟胜死后，学生们自愿为他殉身的多达一百八十人。就连那两个帮助孟胜传达命令的，也在完成任务之后选择自杀。墨家信守他们所认可的道义，而且达到这等地步。墨家的主张在一段时间之内非常流行，后来中道失传了。

魏国通过李悝的变法而变得强大，在战国前期风头最劲。这其中，魏文侯功不可没。魏武侯总体平稳，虽说因为听信谗言，逼走吴起，但没有出现大的过错，较好地完成了过渡。到了魏惠王时，魏国又展开了新一轮的改革，因此国力有了更进一步的提升。

有意思的是，魏国和齐国的拉锯，楚国和魏国的战争，秦国和魏国的争夺……长期角力的结果，魏国作为战国时期第一个率先崛起的超级强国，竟忽然之间就倒下了。

那个时期，是一帮充满欲望的政治强人聚集到了一起，脸上都写着"不服气"，因此而纷争不已。战争因此而连绵不绝，在成就一批又一批的屠夫之外，也在不断地酿成平民百姓的不幸。

韩国、齐国、魏国等，纷纷通过变法而逐步走向强盛，却没有谁能保持得长久。吴起在楚国的变法，有人嫌时间太短，没取得多大效果，也有人说不短了，变法已经取得了相当大的实效。不管如何，变法的很多措施都为保守势力所不容，乃至吴起本人竟成为变法的牺牲品。

诸侯中，只有秦国的变法维持的时间最久。商鞅因为受到秦孝公的支持，推行什伍之制，再辅以连坐之法，禁绝诗书而奖励耕战，很快实现了国富兵强。秦国由此而变得一发不可收拾，一直坚持商韩之法治理国家，直至完成了统一大业。

和吴起相似，商鞅虽然取得了变法的成功，却最终遭受车裂的酷刑，同样成为变法的牺牲品。这种变法，当时的不少人都视之为苦法。尤其是，当变法行动得罪了王公贵族，动了他们的奶酪时，他们便把那些掀起变法的人一概视为最大的仇敌，只想杀之而后快。

出版说明

　　"新编历史小丛书"承自20世纪60年代吴晗策划的"中国历史小丛书"，其中不少名家名作已经是垂之经典的作品，一些措辞亦有写作伊初的时代特征。为了保持其原有版本风貌，再版过程中不做现代汉语的规范化统一。读者阅读时亦可从中体会到语言变化的规律。

　　　　　　　　　　新编历史小丛书编委会

图书在版编目（CIP）数据

吴起传 / 熊剑平著 . — 北京：文津出版社，
2023. 8

（新编历史小丛书）

ISBN 978-7-80554-872-2

Ⅰ. ①吴… Ⅱ. ①熊… Ⅲ. ①吴起（？-前 381）—传记 Ⅳ. ①K825. 2

中国国家版本馆 CIP 数据核字（2023）第 122472 号

责任编辑　王铁英　张　帅
责任营销　猫　娘
责任印制　燕雨萌

新编历史小丛书

吴起传
WU QI ZHUAN

熊剑平　著

出　　版　北京出版集团
　　　　　文津出版社
地　　址　北京北三环中路 6 号
邮　　编　100120
网　　址　www.bph.com.cn
总 发 行　北京出版集团
印　　刷　北京汇瑞嘉合文化发展有限公司
经　　销　新华书店
开　　本　880 毫米 ×1230 毫米　1/32
印　　张　4.5
字　　数　40 千字
版　　次　2023 年 8 月第 1 版
印　　次　2023 年 8 月第 1 次印刷
书　　号　ISBN 978-7-80554-872-2
定　　价　24.80 元

如有印装质量问题，由本社负责调换
质量监督电话　010-58572393